LOI DU 30 AOUT 1883

SUR LA

RÉFORME

DE

L'ORGANISATION JUDICIAIRE

TEXTE OFFICIEL ANNOTÉ

AVEC

TOUS LES TABLEAUX ANNEXÉS

PRIX : UN FRANC

PARIS

A. DURAND et PEDONE-LAURIEL, Éditeurs,

LIBRAIRES DE LA COUR D'APPEL ET DE L'ORDRE DES AVOCATS

G. PEDONE-LAURIEL, SUCCESSEUR

13, rue Soufflot, 13.

1883

LOI DU 30 AOUT 1883

SUR LA

RÉFORME

DE

L'ORGANISATION JUDICIAIRE

TEXTE OFFICIEL ANNOTÉ

AVEC

TOUS LES TABLEAUX ANNEXÉS

PRIX : UN FRANC

PARIS

A. DURAND et PEDONE-LAURIEL, Éditeurs,

LIBRAIRES DE LA COUR D'APPEL ET DE L'ORDRE DES AVOCATS

G. PEDONE-LAURIEL, Successeur

13, rue Soufflot, 13.

1883

LOI DU 30 AOUT 1883

SUR LA

RÉFORME DE L'ORGANISATION JUDICIAIRE

La loi du 30 août 1883 n'apporte pas de modifications profondes à notre organisation judiciaire proprement dite. Elle ne concerne que le personnel qu'elle réduit et dont elle règle la discipline, en créant un Conseil supérieur de la magistrature. Ajoutons la suppression de plusieurs chambres dans les cours et tribunaux, la réduction du nombre des classes et l'augmentation des traitements. Voilà toute la réforme.

L'importance de la nouvelle loi est dans l'atteinte qu'elle porte au principe de l'inamovibilité, suspendant celle-ci pendant trois mois et laissant au ministre de la justice, seul, le pouvoir absolu de choisir parmi tous les magistrats en exercice ceux qu'il désire conserver et de mettre d'office les autres à la retraite.

On conçoit, dès-lors, que tout l'intérêt de la loi du 30 août se concentre dans la manière dont elle sera appliquée. La loi sera bonne ou mauvaise selon que le ministre aura conservé de bons ou de mauvais magistrats; car, en dehors des nominations et des mises à la retraite proposées à la signature du chef de l'État, tout le reste de la loi n'est qu'accessoire et a reçu d'ailleurs, depuis longtemps, l'approbation presque unanime des hommes compétents.

Nous possédions, en France, 3,451 magistrats sans compter les juges suppléants; nous n'en aurons plus désormais que 2,837. Le nombre nous paraît encore bien suffisant pour que bonne justice soit rendue, mais à la condition que les nouveaux magistrats soient dignes en tous points de la mission qu'on les appelle à remplir.

Quoiqu'il en soit, la loi du 30 août 1883 laissera toujours dans les esprits impartiaux une impression pénible. On ne peut assister, sans ressentir une tristesse profonde, à un remaniement de notre personnel judiciaire qui écarte de leurs sièges des magistrats dans la maturité de l'âge et dans la plénitude de leur expérience et de leur talent. S'il existait parmi les magistrats qui viennent de disparaître quelques personnalités d'une valeur discutable ou d'un caractère de peu de poids, il n'est pas douteux que bon nombre d'entre eux emportent dans la retraite les regrets les plus sincères et les plus mérités, et que tous ceux qui les ont vus de près à l'œuvre conserveront longtemps encore le souvenir de leurs éminentes qualités d'esprit, de leur dignité professionnelle et de l'élévation de leurs sentiments.

Quant aux magistrats que le ministre de la justice vient de maintenir sur leurs sièges ou d'appeler à de plus importantes fonctions, pourquoi les suspecter avant de les voir à l'œuvre? Le ministre a promis solennellement aux Chambres d'appliquer la loi sans passions et sans rancunes, de reconstituer la magistrature de telle sorte qu'au point de vue professionnel elle ne soit pas inférieure à l'ancienne; nous croyons qu'il a, dans bien des cas, tenu ses promesses, et nous espérons que la magistrature française, ainsi reconstituée, saura se maintenir à la hauteur de sa vieille réputation de travail, de science et de talent.

CHARLES CONSTANT,

Avocat à la cour d'appel de Paris,
Directeur de la *France judiciaire*.

LOI DU 30 AOUT 1883

SUR LA

RÉFORME DE L'ORGANISATION JUDICIAIRE [1]

1. — *Composition des Cours d'appel.*

Art. 1er. — En toute matière, les arrêts des cours d'appel sont rendus par des magistrats délibérant en nombre impair.

Ils sont rendus par cinq juges au moins, président compris.

Lorsque les membres d'une cour siégeant dans une affaire seront en nombre pair, le dernier des conseillers dans l'ordre du tableau devra s'abstenir.

Pour le jugement des causes qui doivent être portées aux audiences solennelles, les arrêts sont rendus par neuf juges au moins.

Le tout à peine de nullité.

Art. 2. — Chaque cour d'appel comprendra le nombre de chambres déterminé au tableau A annexé à la présente loi et sera composée, outre le premier président, du nombre de présidents et de conseillers indiqué au même tableau. Outre les chambres dont le nombre est ainsi déterminé, les cours comprendront une chambre d'accusation constituée conformément au décret du 12 juin 1880 [2].

Il y aura près de chaque cour un procureur général, des avocats généraux et substituts, un greffier en chef et des commis greffiers, en nombre déterminé au même tableau.

Si les besoins du service l'exigent, il pourra être formé, par règlement d'administration publique, une chambre temporaire composée de conseillers pris dans d'autres chambres.

Il pourra, aux mêmes conditions, être nommé un deuxième substitut dans les

---

1. Présentée à la Chambre des députés le 10 mars 1883, par le ministre de la justice, la loi du 30 août 1883 a été adoptée par la Chambre le 5 juin 1883; par le Sénat, avec modifications, le 1er août suivant, par 144 voix contre 129 sur 273 votants; et enfin, par la Chambre des députés, le 2 août, par 259 voix contre 82 sur 291 votants.

La loi du 30 août 1883, autour de laquelle tant de passions se sont agitées, n'est pas à proprement parler une loi de réforme de l'organisation judiciaire; elle ne concerne que le personnel et n'a pour résultat que de permettre la suppression de 9 sièges de présidents de chambres, 189 de conseillers, 131 de juges, 11 d'avocats généraux, 5 de substituts de procureur général, 215 de substituts de procureur de la République; en tout, 614 sièges de magistrats, dont 383 dans la magistrature assise et 231 dans le parquet.

D'ailleurs, lors de la discussion de la loi au Sénat (séance du 20 juillet 1883), le ministre de la justice n'a pas dissimulé que tout l'intérêt du projet de loi, qu'il avait déposé au nom du gouvernement, résidait dans un seul article, l'article 15 devenu l'article 11, c'est-à-dire dans celui qui, à la fois, supprimait l'inamovibilité en la suspendant pendant trois mois, et permettait au ministre d'éliminer un certain nombre de personnes des rangs de la magistrature.

2. Le décret du 12 juin 1880 est ainsi conçu :
Art. 1er. — L'art. 1er de l'ordonnance du 5 août 1844, portant que les membres de la chambre des mises en accusation des cours d'appel feront en outre le service des autres chambres, est modifié en ce sens que ces magistrats pourront désormais, suivant l'intérêt du service, être attachés à une même chambre ou répartis entre les autres chambres de la cour.

1

cours qui, d'après le tableau A, n'en ont qu'un seul.

Art. 3. — Toutes les cours d'appel, hors celle de Paris, sont assimilées; toute distinction de classe est supprimée.

Les traitements des magistrats composant les cours sont fixés ainsi qu'il suit :

A Paris : Premier président, 25,000 fr. — Présidents, 13,750 fr. — Conseillers, 11,000 fr.—Procureur général, 25,000 fr. — Avocats généraux, 13,200 fr. — Substitut, 11,000 fr. — Greffier en chef, 8,000 fr. — Commis greffier, 5,000.

Dans les autres cours : Premier président, 18,000 fr.—Présidents, 10,000 fr. — Conseillers, 7,000 fr. — Procureur général, 18,000 fr.—Avocats généraux, 8,000 fr. — Substitut, 6,000 fr. — Greffier en chef, 4,200 fr. — Commis greffier, 3,500 fr.

2. — *Composition des Tribunaux de première instance.*

Art. 4. — Les jugements des tribunaux de première instance sont rendus par des magistrats délibérant en nombre impair.

Ils sont rendus par trois juges au moins. Lorsque les membres d'un tribunal siégant dans une affaire seront en nombre pair, le dernier des juges dans l'ordre du tableau devra s'abstenir.

Le tout à peine de nullité.

Art. 5. — Les tribunaux seront composés conformément aux indications du tableau B annexé à la présente loi.

En outre, toutes les fois que les besoins du service l'exigeront, il pourra, par un décret rendu en conseil d'Etat, être créé dans les tribunaux chef-lieux de cours d'assises, un nouvel emploi de juge. Dans tous les tribunaux, il pourra, suivant les besoins du service, être créé aux mêmes conditions un emploi de substitut.

Art. 6. — Un substitut ou un juge suppléant pourra, si les besoins du service l'exigent, être délégué par le procureur général pour remplir dans le ressort de la cour près d'un autre tribunal que celui de sa résidence, les fonctions du ministère public.

Art. 7. — Les tribunaux, celui de la Seine excepté, sont répartis en trois classes.

Les traitements des magistrats des tribunaux sont fixés ainsi qu'il suit :

1° A Paris : le président, 20,000 fr.— Les vice-présidents, 10,000 fr. — Les juges d'instruction, 10,000 fr. — Les juges, 8,000 fr. — Le procureur de la République, 20,000 fr. — Les substituts, 8,000 fr. — Le greffier en chef, 6,000 fr. — Les commis greffiers, 4,000 fr.

2° Dans les villes dont la population atteint le chiffre de 80,000 habitants : les présidents, 10,000 fr. — Vice-présidents, 7,000 fr. — Juges d'instruction, 6,500 fr.—Juges, 6,000 fr.—Procureurs, 10,000 fr. — Substituts, 5,000 fr. — Greffiers, 2,400. — Commis greffiers, 3,000 fr.

Les tribunaux de Nice et de Versailles sont assimilés, au point de vue du traitement des magistrats, aux tribunaux siégeant dans les villes dont la population atteint 80,000 habitants.

3° Dans les villes dont la population atteint le chiffre de 20,000 habitants : les présidents, 7,000 fr. — Les vice-présidents, 5,500 fr. —Les juges d'instruction, 5,000 fr. — Les juges, 4,000 fr. — Les procureurs, 7,000 fr. — Les substituts, 3,500 fr. — Les greffiers, 1,500 fr. — Les commis greffiers, 2,500 fr.

Le tribunal de Chambéry est assimilé, au point de vue des magistrats, aux tribunaux siégeant dans les villes dont la population atteint 20,000 habitants.

4° Dans les autres villes : les présidents, 5,000 fr. — Les vice-présidents, 4,000 fr.—Juges d'instruction, 3,500 fr. — Juges, 3,000 fr.—Procureurs, 5,000 fr. —Substituts, 2,800.—Greffiers, 1,200 fr. — Commiers greffiers, 2,000 fr.

3. — *Tribunaux d'Algérie.*

Art. 8. — Le tribunal d'Alger est assimilé, au point de vue du traitement des magistrats, au tribunaux siégeant dans les villes dont la population atteint 80,000 habitants.

Les membres des tribunaux de Constantine, d'Oran, de Blidah, de Bône et de Tlemcen reçoivent le traitement alloué aux membres des tribunaux siégeant en France dans les villes dont la population atteint 20,000 habitants.

Les traitements des magistrats des tribunaux de Batna, Bougie, Guelma, Mascara, Mostaganem, Orléansville, Philippeville, Sétif, Sidi-bel-Abbès et Tizi-Ouzou sont fixés ainsi qu'il suit :

Présidents, 6,000 fr. — Juges d'instruction, 4,300 fr. — Juges, 3,750 fr.— Procureurs, 6,000 fr. — Substituts, 3,500 fr.

Les dispositions des lois, décrets et ordonnances réglant le traitement des juges suppléants près les tribunaux de l'Algérie, des assesseurs musulmans ou kabiles qui font partie des juridictions algériennes et des interprètes attachés à ces juridictions, continuent à recevoir leur application.

Il n'est apporté aucune modification aux traitements actuels des greffiers près ces tribunaux ; mais ceux des commis greffiers sont augmentés de 500 fr.

4. — *Traitements des juges de paix.*

Art. 9. — Les traitements des juges de paix, ceux des greffiers près les tribunaux de commerce demeurent, jusqu'à ce qu'en ait été autrement ordonné, fixés aux chiffres auxquels ils s'élèvent actuellement.

5. — *Incompatibilité par suite de parenté.*

Art. 10. — Ne pourra, à peine de nullité, être appelé à composer la cour ou le tribunal, tout magistrat titulaire ou suppléant dont l'un des avocats ou avoués représentant l'une des parties intéressées au procès sera parent ou allié jusqu'au troisième degré inclusivement.

6. — *Mode de réduction du personnel.*

Art. 11. — Dans un délai de trois mois à partir de la promulgation de la présente loi, il sera procédé, par application des règles ci-dessus établies, à la réduction du personnel des cours d'appel et des tribunaux [3].

Les éliminations porteront sur l'ensemble du personnel indistinctement.

Le nombre des magistrats éliminés, soit parce qu'ils n'auront pas été maintenus dans les fonctions judiciaires, soit parce qu'ils n'auront pas accepté le poste nouveau qui leur aura été offert, ne pourra dépasser le chiffre des sièges supprimés [4].

Ne seront pas maintenus, à quelque juridiction qu'ils appartiennent, les magistrats qui, après le 2 décembre 1851, ont fait partie des commissions mixtes.

---

3. En vertu de l'art. 11 de la loi du 30 août 1883, M. le ministre de la justice a le droit de procéder seul à la réduction du personnel judiciaire, La tâche est lourde : M. le ministre ne se l'est pas dissimulé, mais il en a accepté à l'avance toute la responsabilité. Retenons seulement ses promesses : « *Si je suis chargé d'appliquer cette loi*, a dit M. Martin-Feuillée, *je suis certain de l'appliquer sans passions et sans rancunes, je n'en ai pas ; mais j'estime qu'il sera de mon devoir de l'appliquer sans faiblesse.* » Lors de la discussion de l'article 11 (séance du 28 juillet), M. le ministre de la justice a fourni de nouvelles explications au Sénat sur la manière dont il entendait exécuter la loi : « J'ai toujours eu la pensée, a-t-il déclaré, la volonté d'appliquer loyalement la loi.... Vous pouvez être bien sûrs que j'examinerai personnellement tous les dossiers, vous pouvez être certains que je lirai avec le plus grand soin tous les rapports des chefs de cours ; que je ne me contenterai pas de leurs explications écrites, que je les appellerai auprès de moi pour compléter leurs rapports par des explications verbales ; que je recueillerai tous les renseignements, que je me livrerai aux enquêtes les plus minutieuses. Car je comprends très bien que *la magistrature reconstituée ne doit pas être, au point de vue professionnel, inférieure à la magistrature actuelle.* »

4. « Ainsi, a dit au Sénat M. le ministre de la justice (séance du 28 juillet 1883), lorsqu'un déplacement ne sera pas accepté, il sera compté comme une élimination, il viendra en déduction du chiffre des éliminations. S'il y a 600 réductions de sièges, le chiffre des éliminations ne pourra le dépasser, quoi qu'on fasse, de quelque manière qu'on s'y prenne, il sera absolument impossible soit directement, soit indirectement, de faire entrer dans la magistrature un seul homme qui n'en fait pas déjà partie. »

7. — Liquidation des retraites.

Art. 12. — Les magistrats qui, par application de la présente loi n'auront pas été maintenus ou n'auront pas accepté le poste nouveau qui leur aura été offert, recevront, à titre de pension de retraite, savoir :

Au dessus de vingt ans et au-dessous de trente ans de services, la moitié; au-dessus de dix ans et au-dessous de vingt ans, les deux cinquièmes; au-dessus de six ans et au-dessous de dix ans, le quart du traitement moyen dont ils ont joui pendant les six dernières années.

Au-dessous de six ans de services, ils recevront le cinquième du traitement moyen dont ils ont joui depuis leur entrée en fonctions.

Les dispositions qui précèdent ne sont pas applicables aux magistrats qui, s'ils restaient en fonctions jusqu'à l'âge fixé par le décret du 1ᵉʳ mars 1852, ne pourraient acquérir droit à pension aux termes de l'article 5 de la loi du 9 juin 1853, ni invoquer la disposition finale de l'article 11 de ladite loi pour être admis exceptionnellement à une pension de retraite. Il sera alloué à ces magistrats, jusqu'à cet âge, une indemnité annuelle calculée sur les bases ci-dessus[5].

Les magistrats qui ne seront pas maintenus, auront droit, s'ils comptent plus de trente ans de service, et quel que soit leur âge, à un soixantième de leur traitement moyen de retraite par année de service en sus de trente. En aucun cas, les pensions et indemnités servies en exécution des dispositions qui précèdent, ne pourront excéder le maximum fixé par la loi du 9 juin 1853.

8. — Conseil supérieur de la magistrature.

Art. 13. — La cour de cassation constitue le conseil supérieur de la magistrature. Elle ne peut statuer en cette qualité que toutes chambres réunies.

Le procureur général près la cour de cassation représente le gouvernement devant le conseil supérieur.

Art. 14. — Le conseil supérieur de la magistrature exercera à l'égard des premiers présidents, présidents de chambre, conseillers de la cour de cassation et des cours d'appel, des présidents, vices-présidents, juges, juges suppléants des tribunaux de première in-

---

5. Les articles 5 et 11 de la loi du 9 juin 1853 sont ainsi conçus :

Art. 5. — Le droit à la pension de retraite est acquis par ancienneté à soixante ans d'âge et après trente ans accomplis de service. — Il suffit de cinquante-cinq ans d'âge et de vingt-cinq ans de services pour les fonctionnaires qui ont passé quinze ans dans la partie active. — La partie active comprend les emplois et grades indiqués au tableau annexé à la présente loi sous le n° 2. — Aucun autre emploi ne peut être compris au service actif ni assimilé à un emploi de ce service, qu'en vertu d'une loi. — Est dispensé de la condition d'âge établie aux deux premiers paragraphes du présent article, le titulaire qui est reconnu par le ministre hors d'état de continuer ses fonctions.

Art. 11. — Peuvent exceptionnellement obtenir pension, quels que soient leur âge et la durée de leur activité : 1° les fonctionnaires et employés qui auront été mis hors d'état de continuer leur service, soit par suite d'un acte de dévouement dans un intérêt public, ou en exposant leurs jours pour sauver la vie d'un de leurs concitoyens, soit par suite de lutte ou combat soutenu dans l'exercice de leurs fonctions; 2° ceux qu'un accident grave résultant notoirement de l'exercice de leurs fonctions, met dans l'impossibilité de les continuer. — Peuvent également obtenir pension, s'ils comptent cinquante ans d'âge et vingt ans de services dans la partie sédentaire ou quarante-cinq ans d'âge et quinze ans de services dans la partie active, ceux que des infirmités graves, résultant de l'exercice de leurs fonctions met dans l'impossibilité de les continuer, ou dont l'emploi aura été supprimé. — Peuvent aussi obtenir pension, les magistrats mis à la retraite en vertu du décret du 1ᵉʳ mars 1852 qui remplissent la condition de services indiquée dans le paragraphe qui précède. — L'âge fixé par le décret du 1ᵉʳ mars 1852 est de soixante-quinze ans pour les membres de la cour de cassation et soixante-dix ans pour les magistrats des cours d'appel et des tribunaux de première instance.

Les magistrats mis à la retraite à raison de leur âge feront valoir leurs droits à une pension conformément aux lois et ordonnances existantes, sans être tenus de justifier d'infirmités contractées dans l'exercice de leurs fonctions.

Les magistrats qui auront atteint l'âge fixé par l'article 1ᵉʳ ne cesseront leurs fonctions que lorsqu'ils auront été remplacés.

stance et de paix tous les pouvoirs disciplinaires actuellement dévolus à la cour de cassation ainsi qu'aux cours et tribunaux, conformément aux dispositions de l'article 82 du sénatus-consulte du 16 thermidor an X, du chapitre 7 de la loi du 20 avril 1810 et des articles 4 et 5 du décret du 1er mars 1852 [6].

Toute délibération politique est interdite aux corps judiciaires.

Toute manifestation ou démonstration d'hostilité au principe ou à la forme du gouvernement de la République est interdite aux magistrats.

L'infraction aux dispositions qui précèdent constitue une faute disciplinaire.

Art. 15. — Après l'expiration de la période de réorganisation prévue à l'article 11, aucun premier président, président de chambre, conseiller de cour d'appel, aucun président, vice-président, juge ou juge suppléant des tribunaux de première instance ne pourra être déplacé que sur l'avis conforme du conseil supérieur [7]. Ce déplacement ne devra entraîner pour le magistrat qui en sera l'objet aucun changement de fonctions,

---

6. L'article 82 du Sénatus consulte du 16 thermidor an X est ainsi conçu :

Le tribunal de cassation a droit de censure et de discipline sur les tribunaux d'appel et les tribunaux criminels ; il peut, pour cause grave, suspendre les juges de leurs fonctions, les mander près du grand-juge, pour y rendre compte de leur conduite.

Le chapitre VII de la loi du 20 avril 1810 est ainsi conçu :

Art. 48. — Les juges et les officiers du ministère public qui s'absenteraient sans un congé délivré suivant les règles prescrites par la loi ou les règlements seront privés de leur traitement pendant le temps de leur absence; et, si leur absence dure plus de six mois, ils pourront être considérés comme démissionnaires et remplacés. — Néanmoins, les juges et officiers du ministère public pourront, après un mois d'absence, être requis par le procureur général de se rendre à leur poste; et, faute par eux d'y revenir dans le mois, il en sera fait rapport au grand-juge, qui pourra proposer au chef de l'État de les remplacer comme démissionnaires.

Art. 49. — Les présidents des cours d'appel et des tribunaux de première instance avertiront d'office, ou sur la réquisition du ministère public, tout juge qui compromettra la dignité de son caractère.

Art. 50. — Si l'avertissement reste sans effet, le juge sera soumis, par forme de discipline, à l'une des peines suivantes, savoir : la censure simple, la censure avec réprimande, la suspension provisoire. — La censure avec réprimande emportera de droit privation de traitement pendant un mois; la suspension provisoire emportera suspension de traitement pendant sa durée.

Art. 57. — Le grand juge ministre de la justice pourra, quand il le jugera convenable, mander auprès de sa personne les membres des cours et tribunaux, à l'effet de s'expliquer sur les faits qui pourraient leur être imputés.

Art. 58. — Tout juge qui se trouvera sous les liens d'un mandat d'arrêt, de dépôt, d'une ordonnance de prise de corps ou d'une condamnation correctionnelle, même pendant l'appel, sera suspendu provisoirement de ses fonctions.

Art. 59. — Tout jugement de condamnation rendu contre un juge, à une peine même de simple police, sera transmis au grand juge ministre de la justice, qui, après en avoir fait l'examen, dénoncera à la cour de cassation, s'il y a lieu, le magistrat condamné; et, sous la présidence du ministre, ledit magistrat pourra être déchu ou suspendu de ses fonctions, suivant la gravité des faits.

Art. 60. — Les officiers du ministère public dont la conduite est répréhensible, seront rappelés à leur devoir par le procureur général du ressort; il en sera rendu compte au grand juge ministre de la justice, qui, suivant la gravité des circonstances, leur fera faire par le procureur général les injonctions qu'il jugera nécessaires ou les mandera près de lui.

Art. 61. — Les cours d'appel, d'assises ou *spéciales* sont tenues d'instruire le ministre de la justice, toutes les fois que les officiers du ministère public, exerçant leurs fonctions près de ces cours, s'écartent du devoir de leur état, et qu'ils en compromettent l'honneur, la délicatesse et la dignité. — Les tribunaux de première instance instruiront le premier président et le procureur général de la cour d'appel des reproches qu'ils se croiront en droit de faire aux officiers du ministère public exerçant dans l'étendue de l'arrondissement, soit auprès de ces tribunaux, soit auprès des tribunaux de police.

Art. 62. — Les greffiers sont avertis ou réprimandés par les présidents de leurs cours et tribunaux respectifs et ils seront dénoncés, s'il y a lieu, au grand juge ministre de la justice.

Les articles 4 et 5 du décret du 1er mars 1852 sont ainsi conçus :

Art. 4. — Lorsqu'un magistrat inamovible de cour d'appel ou de première instance aura été frappé, par mesure disciplinaire, de la suspension provisoire, la décision contre lui rendue sera transmise au garde des sceaux, ministre de la justice, qui dénoncera, s'il y a lieu, le magistrat à la cour de cassation. — Cette cour pourra, selon la gravité des faits et après avoir entendu le magistrat inculpé en la chambre du conseil, le déclarer déchu de ses fonctions.

Art. 5. — Elle pourra aussi prononcer la peine de déchéance contre le magistrat traduit directement devant elle dans le cas prévu par l'art. 82 du sénatus consulte du 16 thermidor an X.

7. A la séance du 30 juillet, M. Buffet, séna-

aucune diminution de classe ni de traitement.

Les magistrats que des infirmités graves et permanentes mettraient hors d'état d'exercer leurs fonctions, pourront être mis d'office à la retraite sur un avis conforme du conseil supérieur ; cet avis sera donné dans les formes et conditions prescrites par la loi du 16 juin 1824[8].

Art. 16. — Le conseil supérieur ne pourra être saisi que par le garde des sceaux et il ne devra statuer ou donner son avis qu'après que le magistrat aura été entendu ou dûment appelé.

9. — Droit de surveillance du ministre sur les magistrats.

Art. 17. — Le garde des sceaux a sur les magistrats de toutes les juridictions civiles et commerciales un droit de surveillance.

Il peut leur adresser une réprimande ; cette réprimande est notifiée au magistrat qui en est l'objet par le premier président pour les présidents de chambre, conseillers, présidents, juges et juges suppléants ; par le procureur général pour les officiers du ministère public.

Le garde des sceaux peut mander tout magistrat afin de recevoir ses explications sur les faits qui lui sont imputés.

10. — Disposition relative aux traitements.

Art. 18. — Les dispositions ci-dessus

---

teur, a posé au ministre, au sujet de cet article, une question qu'il importe de relever.

« Ma question est celle-ci, a dit M. Buffet, aucun magistrat ne peut être déplacé sans avis conforme du conseil supérieur de discipline, c'est-à-dire, de la cour de cassation. Eh bien, je suppose que M. le garde des sceaux ait demandé l'avis de la cour de cassation sur le déplacement d'un magistrat. La cour de cassation, comme conseil disciplinaire, a donné un avis conforme à celui de M. le garde des sceaux. Ce dernier est-il obligé de déplacer le magistrat immédiatement ? Est-il obligé d'user de la liberté que la cour de cassation vient de lui donner ou peut-il conserver l'avis conforme dans son portefeuille, pour en user ou ne pas en user suivant les circonstances, et laisser ainsi, sur le siège qu'il occupe, pendant un temps peut-être très long, le magistrat en suspens ? Je demande si, dans ce cas, ce magistrat serait dans des conditions régulières pour rendre la justice et si les jugements auxquels concourrait ce magistrat devenu amovible seraient de vrais jugements ? »

M. le garde des sceaux a répondu : « L'honorable M. Buffet exprime la crainte que le garde des sceaux, après avoir jugé un déplacement nécessaire et après avoir demandé et obtenu l'avis de la cour de cassation, n'applique pas cet avis. C'est une hypothèse véritablement invraisemblable. Et que voudriez-vous donc ? Vous voudriez qu'on imposât un délai rigoureux dans lequel le garde des sceaux serait obligé d'appliquer l'avis de la cour de cassation ? Mais enfin, il faut bien cependant que l'on trouve une situation à ce magistrat, et une situation absolument équivalente à celle qu'il occupe, suivant les termes des dispositions que vous avez votées, une situation qui n'entraîne pour lui ni diminution de classe ni diminution de traitement. C'est là ce qui rend très difficile de fixer à l'avance une date précise ; mais dans toutes les circonstances l'on n'emploie pas une autre formule. Ainsi tenez, il me revient un souvenir de la loi militaire par exemple : un officier qui a encouru un déplacement — c'est une peine, c'est beaucoup plus grave — ne peut être mis en réforme que sur l'avis d'un certain conseil. C'est exactement la même formule qui a été employée. On a dit que le ministre de la guerre ne pouvait mettre l'officier en réforme que sur l'avis du conseil. Je ne comprends pas, par conséquent, l'observation de l'honorable M. Buffet. »

8. La loi du 16 juin 1824 est ainsi conçue :

Art. 1er. — Dans les cas où il y aura lieu d'admettre à la retraite les membres de nos cours et tribunaux que des infirmités graves et permanentes mettraient hors d'état d'exercer leurs fonctions, il y sera pourvu dans les formes et sous les conditions prescrites par les articles suivants.

Art. 2. — Il sera formé une commission composée du premier président, des présidents de chambre et du doyen de la cour à laquelle appartiendra le magistrat désigné, où dans le ressort de laquelle sera établi le tribunal dont il fera partie, à l'effet de décider préalablement s'il y a lieu de procéder à la vérification de l'état et de la santé de ce magistrat.

Art. 3. — Cette commission sera convoquée d'office par le président, ou sur la réquisition du procureur général.

Art. 4. — Le procureur général assistera aux délibérations de la commission et y sera entendu.

Art. 5. — Il sera dressé dans tous les cas un procès verbal des réquisitions du procureur général et des délibérations de la commission.

Art. 6. — Si la commission est d'avis qu'il existe des motifs suffisants de croire à la réalité de l'infirmité alléguée, elle ordonnera qu'il en sera référé au garde des sceaux, ministre et secrétaire d'Etat au département de la justice. — Dans le cas contraire, elle déclarera qu'il n'y relatives aux traitements des magistrats recevront leur application à partir du 1er janvier 1884.

Les diminutions de traitement résultant des dispositions des articles 3 et 7 qui précèdent, ne seront pas applicables aux magistrats et aux greffiers en fonctions au moment de la promulgation de la présente loi. Ces magistrats continueront à jouir, à titre personnel, du traitement qui leur est alloué aux termes des lois en vigueur.

11. — *Textes législatifs abrogés·*

Art. 19. — Sont abrogés :

L'article 83 du sénatus-consulte du 16 thermidor an X ;

Les articles 51 à 56 de la loi du 28 avril 1810 ;

Les articles de la loi du 16 juin 1824 contraires aux dispositions de l'article 13 ci-dessus ;

L'article 3 de l'ordonnance du 27 septembre 1828 ;

Les articles 3 à 6 de la loi du 11 avril 1838 ;

Et en général, toutes les dispositions antérieures contraires aux dispositions qui précèdent[9].

---

a lieu à procéder à de plus amples vérifications.

Art. 7. — Lorsque la commission déclarera qu'il en sera référé, les pièces seront transmises dans les trois jours au garde des sceaux, qui ordonnera s'il y a lieu, qu'il soit informé.

Art. 8. — Si le garde des sceaux ordonne qu'il en soit informé, la cour sera immédiatement convoquée en assemblée générale des chambres, et nommera un ou plusieurs commissaires pour procéder à l'information.

Art. 9. — Les commissaires délégués par la cour recueilleront tous les documents nécessaires, et recevront, selon l'exigence des cas, les déclarations des témoins et des gens de l'art. — Ils recevront également les explications écrites ou verbales que voudra fournir le magistrat réputé atteint d'une infirmité incurable. — Si le magistrat refuse ou ne peut donner les explications demandées, il en sera fait mention au procès verbal.

Art. 10. — L'information sera communiquée, après sa clôture, au procureur général, qui pourra requérir ce qu'il appartiendra.

Art. 11. — Les commissaires feront leur rapport dans les trois jours de la clôture définitive de l'information. — La cour, après avoir entendu le procureur général, déclarera si elle est d'avis qu'il y ait lieu d'admettre à la retraite le magistrat désigné.

Art. 12. — Dans le cas de l'affirmative, cette mesure pourra être proposée au chef de l'État par le garde des sceaux, ministre de la justice.

Art. 13. — Les magistrats admis à la retraite en vertu de la présente loi, auront droit à une pension qui sera liquidée conformément aux lois et règlements. — Ils pourront recevoir en outre, le titre de président, de conseiller ou de juge honoraire, et jouiront des privilèges honorifiques attachés à ce titre.

Art. 14. — Lorsque la proposition tendant à faire admettre à la retraite aura été rejetée soit par la commission d'examen formée en exécution de l'article 2, soit par la cour, elle ne pourra être reproduite qu'après le délai de deux années.

9. Les diverses dispositions de lois spéciale-

ment abrogées par l'article 19 ci-dessus sont les suivantes :

Art. 83 du sénatus-consulte du 16 thermidor an X.

Art. 83. — Les tribunaux d'appel ont droit de surveillance sur les tribunaux civils de leur ressort, et les tribunaux civils sur les juges de leur arrondissement.

Art. 51 à 56 de la loi du 28 avril 1810.

Art. 51. — Les décisions prises par les tribunaux de première instance seront transmises, avant de recevoir leur exécution, aux procureurs généraux, par les procureurs impériaux, et soumises aux cours impériales.

Art. 52. — L'application des peines déterminées par l'art. 50 ci-dessus sera faite en chambre du conseil par les tribunaux de première instance, s'il s'agit d'un juge de ces tribunaux, ou d'un membre de justice de paix, ou d'un juge de police de leur arrondissement. — Lorsqu'il s'agira d'un membre des cours impériales, ou d'assises, ou *spéciales*, l'application sera faite par les cours impériales en la chambre du conseil.

Art. 53. — La disposition de l'article précédent est applicable à tous les membres des cours d'assises et *spéciales* qui auront encouru l'une des peines portées en l'art. 50, même à ceux qui, n'ayant exercé qu'en qualité de suppléants, auront, dans l'exercice de cette suppléance, manqué aux devoirs de leur état.

Art. 54. — Les cours impériales exerceront les droits de discipline attribués aux tribunaux de première instance, lorsque ceux-ci auront négligé de les exercer. — Les cours impériales pourront, dans ce cas, donner à ces tribunaux un avertissement d'être plus exacts à l'avenir.

Art. 55. — Aucune décision ne pourra être prise que le juge inculpé n'ait été entendu ou dûment appelé, et que le procureur général ou le procureur impérial n'ait donné ses conclusions par écrit.

Art. 56. — Dans tous les cas, il sera rendu compte au grand juge ministre de la justice, par les procureurs généraux, de la décision prise par les cours d'appel ; quand elles auront prononcé ou confirmé la censure avec réprimande, ou la suspension provisoire, la décision ne sera mise à exécution qu'après avoir été approuvée par le grand juge. Néanmoins, en cas de suspension provisoire, le juge sera tenu de s'abstenir de ses fonctions jusqu'à ce que le ministre de la justice ait prononcé, sans préjudice du droit que l'art. 82 du sénatus-consulte du 16 thermidor an X donne au ministre de la justice, de déférer le juge inculpé à la cour de cassation, si la gravité des faits l'exige.

Art. 5 de l'ordonnance du 27 septembre 1828.

Art. 5. — Dans les cours divisées en trois chambres seulement, la chambre des appels de police correctionnelle se réunira à la chambre civile pour le jugement des causes qui doivent être portées aux audiences solennelles, de manière que les arrêts soient rendus au nombre de quatorze juges au moins.

Art. 3 à 6 de la loi du 11 avril 1838.

Art. 3. — Les tribunaux dont les noms suivent, actuellement composés de trois juges et de trois suppléants, seront, à l'avenir, composés de quatre juges et trois suppléants : Alais (5), Altkirch, Argentan, Aubusson, Bagnères, Bayeux (5), Belfort, Bourgoin (7), Cha— olles, Espalion, Issoire, Largentière, Lurer, Mauriac, Marvejols, Neufchâtel, Oléron, Roanne, St-Gaudens (7), Saint-Girons, Saint-Lô, Saint-Marcellin (7), Sarreguemines, Saverne, Schelestadt, Uzès, Villefranche (Aveyron), Villefranche (Rhône), Wissembourg.

Art. 4. — Les tribunaux de Saint-Etienne (Loire), et de Vienne (Isère), actuellement composés de quatre juges et de trois suppléants, seront portés à sept juges et quatre suppléants. — En conséquence ils seront augmentés d'un vice-président, de deux juges, d'un juge suppléant, d'un substitut du procureur royal et d'un commis greffier.

Art. 5. — Seront, à l'avenir, composés de sept juges au lieu de neuf, les tribunaux dont les noms suivent : Alençon, Auch, Bourbon-Vendée, Carpentras, Digne, Laval, Le Mans, Montauban, Mont-de-Marsan, Moulins, Niort, Perpignan, Saintes, Quimper, Saint-Omer, Saint-Brieuc, Vannes.

Art. 6. — Le tribunal de Grenoble actuellement composé de neuf juges, sera porté à douze (réduit à *dix*, 12 déc. 1860) et formera à l'avenir trois chambres. — En conséquence, il sera augmenté d'un vice-président, de deux juges, de deux juges suppléants, d'un substitut et d'un commis greffier.

TABLEAUX LÉGISLATIFS

ANNEXÉS A LA LOI SUR LA RÉFORME DE L'ORGANISATION JUDICIAIRE

TABLEAU A

Cours d'appel.

Numéros d'ordre.	COURS D'APPEL	Chambres.	Premier président.	Présidents de chambres.	Conseillers.	Procureurs généraux.	Avocats généraux.	Substituts.	Greffiers en chef.	Commis greffiers.
1.	Paris.	9	1	9	62	1	7	11	1	12
2.	Alger.	4	1	4	24	1	4	4	1	6
3.	Aix.	3	1	3	19	1	3	2	1	4
4.	Bordeaux.	3	1	3	19	1	3	2	1	4
5.	Douai.	3	1	3	19	1	3	2	1	4
6.	Lyon.	3	1	3	19	1	3	2	1	4
7.	Montpellier	3	1	3	19	1	3	2	1	4
8.	Rennes.	3	1	3	19	1	3	3	1	4
9.	Rouen	3	1	3	19	1	3	2	1	4
10.	Agen.	2	1	2	15	1	2	2	1	3
11.	Amiens.	2	1	2	15	1	2	2	1	3
12.	Besançon.	2	1	2	15	1	2	2	1	3
13.	Caen.	2	1	2	15	1	2	2	1	3
14.	Dijon.	2	1	2	15	1	2	2	1	3
15.	Grenoble	2	1	2	15	1	2	2	1	3
16.	Nancy	2	1	2	15	1	2	2	1	3
17.	Nîmes	2	1	2	15	1	2	2	1	3
18.	Poitiers.	2	1	2	15	1	2	2	1	3
19.	Riom.	2	1	2	15	1	2	2	1	3
20.	Toulouse	2	1	2	15	1	2	2	1	3
21.	Angers	1	1	1	10	1	1	1	1	2
22.	Bastia	1	1	1	8	1	1	1	1	2
23.	Bourges.	1	1	1	10	1	1	1	1	2
24.	Chambéry.	1	1	1	9	1	1	1	1	2
25.	Limoges.	1	1	1	10	1	1	1	1	2
26.	Orléans.	1	1	1	10	1	1	1	1	2
27.	Pau	1	1	1	10	1	1	1	1	
	Totaux	63	27	63	451	27	61	59	27	93
					541			147		

TABLEAU B

Tribunaux de première instance.

TRIBUNAUX	Chambres.	Présidents.	Vice-Présidents.	Juges d'instruction.	Juges.	Juges suppléants.	Procureurs.	Substituts.	Greffiers.	Commis greffiers.
Paris	11	1	11	22	42	20	1	28	1	40

Tribunaux de 1re instance siégeant dans les villes de 80,000 habitants et au-dessus.

TRIBUNAUX	Chambres.	Présidents.	Vice-Présidents.	Juges d'instruction.	Juges.	Juges suppléants.	Procureurs.	Substituts.	Greffiers.	Commis greffiers.
Bordeaux.	4	1	3	3	8	6	1	5	1	5
Le Havre	2	1	1	1	4	4	1	3	1	2
Lille.	3	1	2	2	6	6	1	4	1	3
Lyon	4	1	3	3	8	6	1	6	1	4
Marseille.	4	1	3	3	8	6	1	6	1	4
Nantes.	2	1	1	1	4	4	1	3	1	3
Reims	2	1	1	1	4	3	1	2	1	2
Rouen	3	1	2	2	6	6	1	3	1	3
Saint-Etienne . .	3	1	2	2	5	4	1	3	1	3
Toulouse.	3	1	2	2	5	4	1	3	1	3
Totaux. . .	30	10	20	20	58	49	10	38	10	32

Tribunaux de 1re instance siégeant dans les villes de 20,000 à 80,000 habitants.

TRIBUNAUX	Chambres.	Présidents.	Vice-Présidents.	Juges d'instruction.	Juges.	Juges suppléants.	Procureurs.	Substituts.	Greffiers.	Commis greffiers.
Agen	1	1	»	1	2	2	1	1	1	1
Aix	1	1	»	1	2	2	1	1	1	1
Alais.	1	1	»	1	2	2	1	1	1	1
Albi.	1	1	»	1	2	2	1	1	1	2
Alger	3	1	2	2	7	3	1	3	1	3
Amiens	2	1	1	1	4	3	1	2	1	2
Angers.	2	1	1	1	4	3	1	2	1	2
Angoulême. . . .	2	1	1	1	4	3	1	2	1	2
Arras	1	1	»	1	2	2	1	1	1	1
Avignon	1	1	»	1	2	2	1	1	1	1
Bastia	1	1	»	1	2	2	1	1	1	1
Besançon	1	1	»	1	2	2	1	1	1	1
Béziers.	2	1	1	1	4	3	1	2	1	2
Blidah.	1	1	»	1	3	»	1	1	1	1
Blois	1	1	»	1	2	2	1	1	1	2
Bône	1	1	»	1	3	2	1	1	1	2
Boulogne	1	1	»	1	2	2	1	1	1	1
Bourges	1	1	»	1	2	1	1	1	1	1
Brest	1	1	»	1	3	2	1	1	1	1
Caen	1	1	»	1	2	2	1	1	1	1
Cambrai.	1	1	»	1	2	2	1	1	1	1
Carcassonne . . .	1	1	»	1	2	2	1	1	1	1

TRIBUNAUX	Chambres.	Présidents.	Vice-présidents.	Juges d'instruction.	Juges.	Juges suppléants.	Procureurs.	Substituts.	Greffiers.	Commis greffiers.

Tribunaux de 1re instance siégeant dans les villes de 20,000 à 80,000 habitants (suite).

TRIBUNAUX	Chambres.	Présidents.	Vice-présidents.	Juges d'instruction.	Juges.	Juges suppléants.	Procureurs.	Substituts.	Greffiers.	Commis greffiers.
Castres	1	1	»	1	2	2	1	1	1	1
Chalon-s.-Saône	1	1	»	1	2	2	1	1	1	2
Châlons-s.-Marne	1	1	»	1	2	2	1	1	1	1
Chartres	1	1	»	1	2	2	1	1	1	2
Châteauroux	1	1	»	1	2	2	1	1	1	2
Cherbourg	1	1	»	1	2	2	1	1	1	1
Clermont-Ferrand	2	1	1	1	4	3	1	2	1	2
Constantine	2	1	1	1	4	3	1	2	1	4
Dieppe	1	1	»	1	2	2	1	1	1	1
Dijon	2	1	1	1	4	3	1	2	1	2
Douai	1	1	»	1	2	2	1	1	1	1
Dunkerque	1	1	»	1	2	2	1	1	1	1
Grenoble	2	1	1	1	4	3	1	2	1	2
Laval	1	1	»	1	2	2	1	1	1	2
Le Mans	2	1	1	1	3	2	1	1	1	2
Limoges	2	1	1	1	4	3	1	2	1	2
Lorient	1	1	»	1	2	2	1	1	1	1
Montauban	1	1	»	1	2	2	1	1	1	2
Montluçon	1	1	»	1	1	2	1	1	1	1
Montpellier	2	1	1	1	4	3	1	2	1	2
Moulins	1	1	»	1	2	2	1	1	1	2
Nancy	2	1	1	1	4	3	1	2	1	2
Narbonne	1	1	»	1	2	2	1	1	1	1
Nevers	1	1	»	1	2	2	1	1	1	2
Nice	2	1	1	1	4	3	1	2	1	3
Nîmes	2	1	1	1	4	3	1	2	1	2
Niort	1	1	»	1	2	2	1	1	1	2
Oran	2	1	1	1	4	3	1	2	1	4
Orléans	1	1	»	1	2	2	1	1	1	1
Pau	1	1	»	1	2	2	1	1	1	1
Périgueux	2	1	1	1	4	3	1	2	1	2
Perpignan	1	1	»	1	2	2	1	1	1	2
Poitiers	1	1	»	1	2	2	1	1	1	2
Rennes	2	1	1	1	4	3	1	2	1	2
Roanne	1	1	»	1	2	2	1	1	1	1
Rochefort	1	1	»	1	2	2	1	1	1	1
Rochelle (La)	1	1	»	1	1	2	1	1	1	1
Saint-Quentin	1	1	»	1	2	2	1	1	1	1
Saint-Omer	1	1	»	1	2	2	1	1	1	2
Tarbes	2	1	1	1	3	2	1	1	1	2
Tlemcen	1	1	»	1	3	»	1	1	1	1
Toulon	1	1	»	1	3	2	1	1	1	1
Tours	2	1	1	1	4	3	1	2	1	2
Troyes	1	1	»	1	2	2	1	1	1	2
Valenciennes	1	1	»	1	2	2	1	1	1	1

TRIBUNAUX	Chambres.	Présidents.	Vice-présidents.	Juges d'instruction.	Juges.	Juges suppléants.	Procureurs.	Substituts.	Greffiers.	Commis greffiers.
Tribunaux de 1re instance siégeant dans les villes de 20,000 à 80,000 habitants (suite).										
Versailles	2	1	1	2	4	4	1	2	1	4
Vienne	1	1	»	1	2	2	1	1	1	1
Valence	2	1	1	1	4	3	1	2	1	2
Totaux . . .	93	70	23	72	188	159	70	91	70	113

Tribunaux de 1re instance siégeant dans les villes de moins de 20,000 habitants.

TRIBUNAUX	Chambres.	Présidents.	Vice-présidents.	Juges d'instruction.	Juges.	Juges suppléants.	Procureurs.	Substituts.	Greffiers.	Commis greffiers.
Abbeville	1	1	»	1	1	2	1	1	1	1
Ajaccio	1	1	»	1	1	2	1	1	1	1
Albertville	1	1	»	1	1	2	1	1	1	1
Alençon	1	1	»	1	2	2	1	1	1	2
Ambert	1	1	»	1	1	2	1	»	1	1
Ancenis	1	1	»	1	1	2	1	»	1	1
Andelys (Les) . . .	1	1	»	1	1	2	1	1	1	1
Annecy	2	1	1	1	4	3	1	2	1	2
Apt	1	1	»	1	1	2	1	»	1	1
Arbois	1	1	»	1	1	2	1	1	1	1
Arcis-sur-Aube .	1	1	»	1	1	2	1	»	1	1
Argentan	1	1	»	1	1	2	1	1	1	1
Aubusson	1	1	»	1	1	2	1	»	1	1
Auch	1	1	»	1	2	2	1	1	1	2
Aurillac	1	1	»	1	1	2	1	1	1	1
Autun	1	1	»	1	1	2	1	1	1	1
Auxerre	1	1	»	1	2	2	1	1	1	2
Avallon	1	1	»	1	1	2	1	»	1	1
Avesnes	2	1	1	1	4	3	1	1	1	2
Avranches	1	1	»	1	1	2	1	»	1	1
Bagnères	1	1	»	1	1	2	1	1	1	1
Barbezieux	1	1	»	1	1	2	1	»	1	1
Barcelonnette . .	1	1	»	1	1	2	1	»	1	1
Bar-le-Duc . . .	1	1	»	1	1	2	1	1	1	1
Bar-sur-Aube . .	1	1	»	1	1	2	1	1	1	1
Bar-sur-Seine . .	1	1	»	1	1	2	1	»	1	1
Batna	1	1	»	1	3	»	1	1	1	1
Baugé	1	1	»	1	1	2	1	1	1	1
Baume	1	1	»	1	1	2	1	1	1	1
Bayeux	1	1	»	1	2	2	1	1	1	1
Bayonne	1	1	»	1	2	2	1	1	1	1
Bazas	1	1	»	1	1	2	1	»	1	1
Beaune	1	1	»	1	2	2	1	1	1	1
Beauvais	1	1	»	1	2	2	1	1	1	2
Belfort	1	1	»	1	2	2	1	1	1	1
Bellac	1	1	»	1	1	2	1	»	1	1
Belley	1	1	»	1	1	2	1	»	1	1

TRIBUNAUX	Chambres.	Présidents.	Vice-présidents.	Juges d'instruction.	Juges.	Juges suppléants.	Procureurs.	Substituts.	Greffiers.	Commis greffiers.

Tribunaux de 1re instance siégeant dans les villes de moins de 20,000 habitants (suite).

TRIBUNAUX	Chambres.	Présidents.	Vice-présidents.	Juges d'instruction.	Juges.	Juges suppléants.	Procureurs.	Substituts.	Greffiers.	Commis greffiers.
Bergerac	1	1	»	1	1	2	1	1	1	1
Bernay	1	1	»	1	1	2	1	1	1	1
Béthune	1	1	»	1	2	2	1	1	1	1
Blanc (Le)	1	1	»	1	1	2	1	»	1	1
Blaye	1	1	»	1	1	2	1	»	1	1
Bonneville	1	1	»	1	1	2	1	1	1	1
Bougie	1	1	»	1	3	»	1	1	1	1
Bourg	1	1	»	1	2	2	1	1	1	2
Bourganeuf	1	1	»	1	1	2	1	»	1	1
Bourgoin	1	1	»	1	1	2	1	1	1	1
Bressuire	1	1	»	1	1	2	1	»	1	1
Briançon	1	1	»	1	1	2	1	»	1	1
Briey	1	1	»	1	1	2	1	»	1	1
Brignoles	1	1	»	1	1	2	1	»	1	1
Brioude	1	1	»	1	1	2	1	»	1	1
Brive	1	1	»	1	2	2	1	1	1	1
Cahors	1	1	»	1	2	2	1	1	1	2
Calvi	1	1	»	1	1	2	1	»	1	1
Carpentras	1	1	»	1	2	2	1	1	1	2
Castellane	1	1	»	1	1	2	1	»	1	1
Castelnaudary	1	1	»	1	1	2	1	»	1	1
Castelsarrasin	1	1	»	1	1	2	1	»	1	1
Céret	1	1	»	1	1	2	1	»	1	1
Chambéry	2	1	1	1	4	3	1	2	1	2
Chambon	1	1	»	1	1	2	1	»	1	1
Charleville	1	1	»	1	2	2	1	1	1	1
Charolles	1	1	»	1	1	2	1	»	1	1
Châteaubriant	1	1	»	1	1	2	1	»	1	1
Château-Chinon	1	1	»	1	1	2	1	»	1	1
Châteaudun	1	1	»	1	1	2	1	»	1	1
Château-Gontier	1	1	»	1	1	2	1	»	1	1
Châteaulin	1	1	»	1	1	2	1	»	1	1
Château-Thierry	1	1	»	1	1	2	1	»	1	1
Châtellerault	1	1	»	1	1	2	1	1	1	1
Châtillon-s.-Seine	1	1	»	1	1	2	1	»	1	1
Châtre (La)	1	1	»	1	1	2	1	1	1	1
Chaumont	1	1	»	1	2	2	1	1	1	2
Chinon	1	1	»	1	1	2	1	»	1	1
Cholet	1	1	»	1	1	2	1	»	1	1
Civray	1	1	»	1	1	2	1	»	1	1
Clamecy	1	1	»	1	1	2	1	1	1	1
Clermont (Oise)	1	1	»	1	1	2	1	1	1	1
Cognac	1	1	»	1	1	2	1	1	1	1
Compiègne	1	1	»	1	1	2	1	1	1	1
Condom	1	1	»	1	1	2	1	1	1	1

Tribunaux de 1re instance siégeant dans les villes de moins de 20,000 habitants (suite).

TRIBUNAUX	Chambres.	Présidents.	Vice-présidents.	Juges d'instruction.	Juges.	Juges suppléants.	Procureurs.	Substituts.	Greffiers.	Commis greffiers.
Confolens	1	1	»	1	1	2	1	»	1	1
Corbeil	1	1	»	1	1	2	1	1	1	1
Corte	1	1	»	1	1	2	1	1	1	1
Cosne	1	1	»	1	1	2	1	»	1	1
Coulommiers	1	1	»	1	1	2	1	»	1	1
Coutances	1	1	»	1	2	2	1	1	1	2
Cusset	1	1	»	1	1	2	1	»	1	1
Dax	1	1	»	1	1	2	1	1	1	1
Die	1	1	»	1	1	2	1	»	1	1
Digne	1	1	»	1	2	2	1	1	1	2
Dinan	1	1	»	1	1	2	1	»	1	1
Dole	1	1	»	1	2	2	1	1	1	1
Domfront	1	1	»	1	1	2	1	»	1	1
Doullens	1	1	»	1	1	2	1	»	1	1
Draguignan	1	1	»	1	2	2	1	1	1	2
Dreux	1	1	»	1	1	2	1	1	1	1
Embrun	1	1	»	1	1	2	1	»	1	1
Epernay	1	1	»	1	2	2	1	1	1	1
Epinal	1	1	»	1	2	2	1	1	1	2
Espalion	1	1	»	1	1	2	1	1	1	1
Etampes	1	1	»	1	1	2	1	»	1	1
Evreux	1	1	»	1	2	2	1	1	1	2
Falaise	1	1	»	1	1	2	1	»	1	1
Figeac	1	1	»	1	1	2	1	»	1	1
Flèche (La)	1	1	»	1	1	2	1	»	1	1
Florac	1	1	»	1	1	2	1	»	1	1
Foix	1	1	»	1	2	2	1	1	1	2
Fontainebleau	1	1	»	1	2	2	1	1	1	1
Fontenay-le-Comte	1	1	»	1	1	2	1	1	1	1
Forcalquier	1	1	»	1	1	2	1	1	1	1
Fougères	1	1	»	1	1	2	1	»	1	1
Gaillac	1	1	»	1	1	2	1	»	1	1
Gannat	1	1	»	1	1	2	1	»	1	1
Gap	1	1	»	1	2	2	1	1	1	2
Gex	1	1	»	1	1	2	1	»	1	1
Gien	1	1	»	1	1	2	1	»	1	1
Gourdon	1	1	»	1	1	2	1	1	1	1
Grasse	1	1	»	1	1	2	1	1	1	1
Gray	1	1	»	1	1	2	1	1	1	1
Guelma	1	1	»	1	3	»	1	1	1	1
Guéret	1	1	»	1	2	2	1	1	1	2
Guingamp	1	1	»	1	1	2	1	»	1	1
Hazebrouck	1	1	»	1	1	2	1	1	1	1
Issoire	1	1	»	1	1	2	1	1	1	1
Issoudun	1	1	»	1	1	2	1	»	1	1

Tribunaux de 1re instance siégeant dans les villes de moins de 20,000 habitants (suite).

TRIBUNAUX	Chambres.	Présidents.	Vice-présidents.	Juges d'instruction.	Juges.	Juges suppléants.	Procureurs.	Substituts.	Greffiers.	Commis greffiers.
Joigny	1	1	»	1	1	2	1	»	1	1
Jonzac	1	1	»	1	1	2	1	»	1	1
Langres	1	1	»	1	1	2	1	»	1	1
Lannion	1	1	»	1	1	2	1	1	1	1
Laon	2	1	1	1	4	3	1	2	1	2
Largentière	1	1	»	1	1	2	1	1	1	1
Lavaur	1	1	»	1	1	2	1	»	1	1
Lectoure	1	1	»	1	1	2	1	»	1	1
Lesparre	1	1	»	1	1	2	1	»	1	1
Libourne	1	1	»	1	2	2	1	1	1	1
Limoux	1	1	»	1	1	2	1	»	1	1
Lisieux	1	1	»	1	1	2	1	1	1	1
Loches	1	1	»	1	1	2	1	»	1	1
Lodève	1	1	»	1	1	2	1	»	1	1
Lombez	1	1	»	1	1	2	1	»	1	1
Lons-le-Saunier	1	1	»	1	2	2	1	1	»	2
Loudéac	1	1	»	1	1	2	1	»	1	1
Loudun	1	1	»	1	1	2	1	»	1	1
Louhans	1	1	»	1	1	2	1	»	1	1
Lourdes	1	1	»	1	1	2	1	»	1	1
Louviers	1	1	»	1	1	2	1	1	1	1
Lunéville	1	1	»	1	1	2	1	1	1	1
Lure	1	1	»	1	2	2	1	1	1	1
Mâcon	1	1	»	1	1	2	1	1	1	1
Mamers	1	1	»	1	1	2	1	1	1	1
Mantes	1	1	»	1	1	2	1	»	1	1
Marennes	1	1	»	1	1	2	1	»	1	1
Marmande	1	1	»	1	2	2	1	1	1	1
Marvejols	1	1	»	1	1	2	1	»	1	1
Mascara	1	1	»	1	3	»	1	1	1	1
Mauriac	1	1	»	1	1	2	1	»	1	1
Mayenne	1	1	»	1	1	2	1	1	1	1
Meaux	1	1	»	1	2	2	1	1	1	1
Melle	1	1	»	1	1	2	1	»	1	1
Melun	1	1	»	1	2	2	1	1	1	2
Mende	1	1	»	1	2	2	1	1	1	2
Milhau	1	1	»	1	1	2	1	»	1	1
Mirande	1	1	»	1	1	2	1	1	1	1
Mirecourt	1	1	»	1	1	2	1	»	1	1
Moissac	1	1	»	1	1	2	1	1	1	1
Montargis	1	1	»	1	1	2	1	1	1	1
Montbéliard	1	1	»	1	1	2	1	»	1	1
Montbrison	2	1	1	1	4	3	1	2	1	2
Mont-de-Marsan	1	1	»	1	3	2	1	1	1	2
Montdidier	1	1	»	1	1	2	1	»	1	1

Tribunaux de 1ʳᵉ instance siégeant dans les villes de moins de 20,000 habitants (suite).

TRIBUNAUX	Chambres.	Présidents.	Vice-présidents.	Juges d'instruction.	Juges.	Juges suppléants.	Procureurs.	Substituts.	Greffiers.	Commis greffiers.
Montélimart . . .	1	1	»	1	1	2	1	»	1	1
Montfort.	1	1	»	1	1	2	1	»	1	1
Montmédy	1	1	»	1	1	2	1	»	1	1
Montmorillon. . .	1	1	»	1	1	2	1	»	1	1
Montreuil-s.-Mer.	1	1	»	1	1	2	1	»	1	1
Morlaix	1	1	»	1	1	2	1	»	1	1
Mortagne.	1	1	»	1	1	2	1	»	1	1
Mortain	1	1	»	1	1	2	1	»	1	1
Mostaganem . . .	1	1	»	1	3	»	1	1	1	1
Moutiers.	1	1	»	1	1	2	1	»	1	1
Murat.	1	1	»	1	1	2	1	»	1	1
Muret	1	1	»	1	1	2	1	»	1	1
Nantua	1	1	»	1	1	2	1	1	1	1
Nérac	1	1	»	1	1	3	1	»	1	1
Neufchâteau . . .	1	1	»	1	1	2	1	»	1	1
Neufchâtel. . . .	1	1	»	1	1	2	1	1	1	1
Nogent-le-Rotrou.	1	1	»	1	1	2	1	»	1	1
Nogent-sur-Seine.	1	1	»	1	1	2	1	»	1	1
Nontron	1	1	»	1	1	2	1	»	1	1
Nyons.	1	1	»	1	1	2	1	»	1	1
Oloron.	1	1	»	1	1	2	1	»	1	1
Orange.	1	1	»	1	1	2	1	»	1	1
Orléansville . . .	1	1	»	1	3	»	1	1	1	1
Orthez.	1	1	»	1	1	2	1	»	1	1
Paimbœuf	1	1	»	1	1	2	1	»	1	1
Pamiers	1	1	»	1	1	2	1	»	1	1
Parthenay	1	1	»	1	1	2	1	»	1	1
Péronne.	1	1	»	1	1	2	1	»	1	1
Philippeville. . .	1	1	»	1	3	»	1	1	1	1
Pithiviers	1	1	»	1	1	2	1	»	1	1
Ploërmel	1	1	»	1	1	2	1	»	1	1
Pontarlier	1	1	»	1	1	2	1	1	1	1
Pont-Audemer. .	1	1	»	1	1	2	1	1	1	1
Pontivy	1	1	»	1	1	2	1	»	1	1
Pont-l'Evêque . .	1	1	»	1	1	2	1	»	1	1
Pontoise.	2	1	1	1	4	3	1	1	1	2
Prades.	1	1	»	1	1	2	1	1	1	1
Privas.	1	1	»	1	2	2	1	1	1	1
Provins	1	1	»	1	1	2	1	»	1	1
Puy (Le).	2	1	1	1	4	3	1	2	1	2
Quimper.	1	1	»	1	2	2	1	1	1	2
Quimperlé. . . .	1	1	»	1	1	2	1	»	1	1
Rambouillet . . .	1	1	»	1	1	2	1	1	1	1
Redon.	1	1	»	1	1	2	1	»	1	1
Remiremont . . .	1	1	»	1	1	2	1	1	1	1

Tribunaux de 1re instance siégeant dans les villes de moins de 20,000 habitants (suite).

TRIBUNAUX	Chambres.	Présidents.	Vice-présidents.	Juges d'instruction.	Juges.	Juges suppléants.	Procureurs.	Substituts.	Greffiers.	Commis greffiers.
Riom	1	1	»	1	2	2	1	1	1	1
Rethel	1	1	»	1	1	2	1	»	1	1
Ribérac	1	1	»	1	1	2	1	»	1	1
Rèole (La)	1	1	»	1	1	2	1	»	1	1
Rochechouart	1	1	»	1	1	2	1	»	1	1
Roche-s.-Yon (La)	1	1	»	1	2	2	1	1	1	2
Rocroi	1	1	»	1	1	2	1	»	1	1
Rodez	2	1	1	1	3	2	1	1	1	2
Romorantin	1	1	»	1	1	2	1	»	1	1
Ruffec	1	1	»	1	1	2	1	»	1	1
Sables-d'Olonne	1	1	»	1	1	2	1	»	1	1
Saint-Affrique	1	1	»	1	1	2	1	»	1	1
Saint-Amand	1	1	»	1	1	2	1	»	1	1
Saint-Calais	1	1	»	1	1	2	1	»	1	1
Saint-Claude	1	1	»	1	1	2	1	»	1	1
Saint-Brieuc	1	1	»	1	2	2	1	1	1	2
Saint-Dié	1	1	»	1	2	2	1	1	1	1
Saint-Flour	1	1	»	1	2	2	1	1	1	2
Saint-Gaudens	2	1	1	1	4	3	1	1	1	2
Saint-Girons	1	1	»	1	1	2	1	1	1	1
St-Jean-d'Angély	1	1	»	1	1	2	1	»	1	1
St-Jean-de-Maur	1	1	»	1	1	2	1	»	1	1
Saint-Julien	1	1	»	1	1	2	1	»	1	1
Saint-Lô	1	1	»	1	1	2	1	1	1	1
Saint-Malo	1	1	»	1	1	2	1	1	1	1
Saint-Marcellin	1	1	»	1	1	2	1	»	1	1
Saint-Mihiel	1	1	»	1	2	2	1	1	1	2
Saint-Nazaire	1	1	»	1	1	2	1	1	1	1
Saint-Palais	1	1	»	1	1	2	1	»	1	1
Saint-Pol	1	1	»	1	1	2	1	»	1	1
Saint-Pons	1	1	»	1	1	2	1	»	1	1
Saint-Sever	1	1	»	1	1	2	1	»	1	1
Saint-Yrieix	1	1	»	1	1	2	1	»	1	1
Sainte-Menehould	1	1	»	1	1	2	1	1	1	2
Saintes	1	1	»	1	2	2	1	1	1	1
Sancerre	1	1	»	1	1	2	1	»	1	1
Sarlat	1	1	»	1	1	2	1	1	1	1
Sartène	1	1	»	1	1	2	1	»	1	1
Saumur	1	1	»	1	1	2	1	1	1	1
Sedan	1	1	»	1	1	2	1	»	1	1
Segré	1	1	»	1	1	2	1	»	1	1
Semur	1	1	»	1	1	2	1	»	1	1
Senlis	1	1	»	1	2	2	1	1	1	1
Sens	1	1	»	1	1	2	1	1	1	1
Sétif	1	1	»	1	3	»	1	1	1	1

TRIBUNAUX	Chambres.	Présidents.	Vice-présidents.	Juges d'instruction.	Juges.	Juges suppléants.	Procureurs.	Substituts	Greffiers.	Commis greffiers.

Tribunaux de 1re instance siégeant dans les villes de moins de 20,000 habitants (suite).

TRIBUNAUX	Chambres.	Présidents.	Vice-présidents.	Juges d'instruction.	Juges.	Juges suppléants.	Procureurs.	Substituts	Greffiers.	Commis greffiers.
Sidi-bel-Abbès . .	1	1	»	1	3	»	1	1	1	1
Sisteron	1	1	»	1	1	2	1	»	1	1
Soissons	1	1	»	1	1	2	1	»	1	1
Tarascon.	1	1	»	1	2	2	1	1	1	1
Thiers.	1	1	»	1	1	2	1	»	1	1
Thonon	1	1	»	1	1	2	1	1	1	1
Tizi-Ouzou. . . .	1	1	»	1	3	»	1	1	1	1
Tonnerre.	1	1	»	1	1	2	1	»	1	1
Toul.	1	1	»	1	1	2	1	»	1	1
Tournon.	1	1	»	1	1	2	1	1	1	1
Trévoux	1	1	»	1	1	2	1	1	1	1
Tulle	2	1	1	1	4	3	1	1	1	2
Ussel	1	1	»	1	1	2	1	»	1	1
Uzès.	1	1	»	1	1	2	1	»	1	1
Valognes.	1	1	»	1	1	2	1	»	1	1
Vannes	1	1	»	1	2	2	1	1	1	2
Vassy	1	1	»	1	1	2	1	1	1	1
Vendôme	1	1	»	1	1	2	1	»	1	1
Verdun.	1	1	»	1	1	2	1	»	1	1
Vervins	1	1	»	1	1	2	1	1	1	1
Vesoul.	1	1	»	1	2	2	1	1	1	2
Vigan (Le). . . .	1	1	»	1	1	2	1	»	1	1
Villefranche (Aveyr.)	1	1	»	1	2	2	1	1	1	1
Villefranche (H.-G.).	1	1	»	1	1	2	1	»	1	1
Villefranche (Rhône).	1	1	»	1	2	2	1	»	1	1
Villeneuve-s.-Lot.	1	1	»	1	1	2	1	»	1	1
Vire.	1	1	»	1	1	2	1	»	1	1
Vitré.	1	1	»	1	1	2	1	»	1	1
Vitry-le-François .	1	1	»	1	1	2	1	»	1	1
Vouziers.	1	1	»	1	1	2	1	»	1	1
Yssingeaux. . . .	1	1	»	1	1	2	1	»	1	1
Yvetot.	1	1	»	1	1	2	1	»	1	1
Totaux. . .	304	294	10	294	393	578	294	139	294	392

Vu pour être annexé à la loi sur la réforme de l'organisation judiciaire.

Le président de la République française,
JULES GRÉVY.

Par le président de la République :

Le garde des sceaux, ministre de la justice et des cultes,
MARTIN FEUILLÉE.

Résumé des tableaux précédents.

27 Cours d'appel, comprenant 63 chambres, 27 premiers présidents, 63 présidents de chambre, 451 conseillers; soit : 541 magistrats; — 27 procureurs généraux, 61 avocats généraux, 59 substituts; soit : 147 membres du parquet.

Le personnel des cours d'appel est donc de 688.

10 Tribunaux de première classe, comprenant 30 chambres, 10 présidents, 20 vice-présidents, 20 juges d'instruction, 58 juges et 49 juges suppléants; soit : 108 magistrats titulaires et 49 suppléants; — 10 procureurs et 38 substituts; soit : 48 membres du parquet.

70 Tribunaux de seconde classe, comprenant 93 chambres, 70 présidents, 23 vice-présidents, 72 juges d'instruction, 188 juges et 159 juges suppléants; soit : 353 magistrats titulaires et 159 suppléants; — 70 procureurs et 91 substituts; soit : 161 membres du parquet.

294 Tribunaux de troisième classe, comprenant 304 chambres, 294 présidents, 10 vice-présidents, 294 juges d'instruction, 393 juges et 578 juges suppléants; soit : 991 magistrats titulaires et 578 supléants; — 294 procureurs, 139 substituts; soit : 433 membres du parquet.

En résumé :
Les 374 tribunaux de première instance comprendront ainsi : 427 chambres, 374 présidents, 53 vice-présidents, 386 juges d'instruction, 639 juges et 786 suppléants; soit : 1,452 magistrats titulaires et 786 suppléants; — 374 procureurs, 268 substituts; soit : 642 membres du parquet.

Soit enfin : 2,094 membres des tribunaux qui, ajoutés aux 688 membres des cours, forment un personnel judiciaire de 2,782 personnes, non compris les 55 magistrats de la cour de cassation et sans compter les 786 juges suppléants, dont le nombre peut encore être augmenté selon les besoins du service.

Fontainebleau. — M. E. Bourges imp. breveté.

A. DURAND et PEDONE-LAURIEL, Éditeurs
LIBRAIRES DE LA COUR D'APPEL ET DE L'ORDRE DES AVOCATS
G. PEDONE-LAURIEL, successeur, 13, rue Soufflot, PARIS.

LA FRANCE JUDICIAIRE

REVUE BI-MENSUELLE

DE LÉGISLATION ET DE JURISPRUDENCE

CONTENANT

Des Études juridiques variées

AINSI QUE

LES LOIS ET DÉCISIONS JUDICIAIRES LES PLUS IMPORTANTES

ET LES PLUS RÉCENTES

Fondée en 1876 sous le patronage de

MM. **G. Bédarrides** (C. ✸), président de chambre à la cour de cassation; — **Larombière** (C. ✸), président de chambre à la cour de cassation, membre de l'Institut; — **E. Glasson,** professeur à la faculté de droit de Paris, membre de l'Institut; — **E. Rousse** (✸), ancien bâtonnier de l'Ordre des avocats de Paris, membre de l'Académie française,

ET PUBLIÉE SOUS LA DIRECTION DE

M. CHARLES CONSTANT

Avocat à la Cour d'appel de Paris,
Officier d'Académie,

AVEC LE CONCOURS ET LA COLLABORATION DE

MM. **Babinet** (C. ✸), conseiller à la cour de cassation; — **Bazille,** avocat au conseil d'Etat et à la cour de cassation; — **Boureart,** professeur agrégé à la faculté de Nancy; — **Chaix d'Est-Ange** (✸), avocat à la cour de Paris; — **Coulon,** avocat à la cour de Paris; — **Daniel de Folleville,** doyen de la faculté de Douai; — **Desjardins** (✸), avocat général à la cour de cassation, membre de l'Institut; — **Albert Desjardins,** professeur à la faculté de Paris; — **Dramard,** conseiller à la cour de Limoges; — **Férand-Giraud** (O. ✸), conseiller à la cour de cassation; — **Ed. Fey,** avocat à la cour de Paris; — **Fleurens** (O. ✸), conseiller d'Etat; — **Garraud,** professeur à la faculté de Lyon — **Greffier** (C. ✸), conseiller à la cour de cassation; — **Herbet,** avocat à la cour de Paris; — **Huard** (✸), avocat à la cour de Paris; — **Hugues,** conseiller à la cour d'Alger; — **Labbé** (✸), professeur à la faculté de Paris; — **Le Courtois,** professeur à la faculté de Poitiers, — **Martin le Neuf de Neufville** (O. ◉), vice-président du tribunal d'Alençon; — **Moret,** avocat au conseil d'Etat et à la cour de cassation; — **Morillot,** avocat général près la cour de Besançon; — **Pradier-Fodéré** (✸, ◉), conseiller à la cour de Lyon; — **Prieur,** avocat à la cour de Paris. — **Villey,** professeur à la faculté de Caen, et plusieurs autres membres de la magistrature et du barreau.

ABONNEMENT ANNUEL : 18 FRANCS

ÉTRANGER : 20 FRANCS

Les Abonnements partent du 1ᵉʳ Novembre.

Les six premières années de la « France judiciaire » formant 12 vol. in-8° raisin de 700 à 800 pages chacun

PRIX : 60 FRANCS NETS.